Kleine Kritzeleien

von

Roselotte Leps

Impressum

Text und Bilder Coppyright bei Roselotte Leps
Alle Rechte vorbehalten

Kein Teil dieses Buches darf ohne schriftliche Genehmigung der Autorin in irgendeiner Weise vervielfältigt werden.

Dieses Buch wurde geschrieben und gestaltet per Self Publishing

Beratung in Schrift und Bild Monika Leonhardt
Fotobearbeitung Michael Leps

ISBN-13:97 8-1987510362

Zurückschauend
auf viele Jahre
meines Lebens
schön und schwer
bleibe ich
neugierig
auf Kommendes

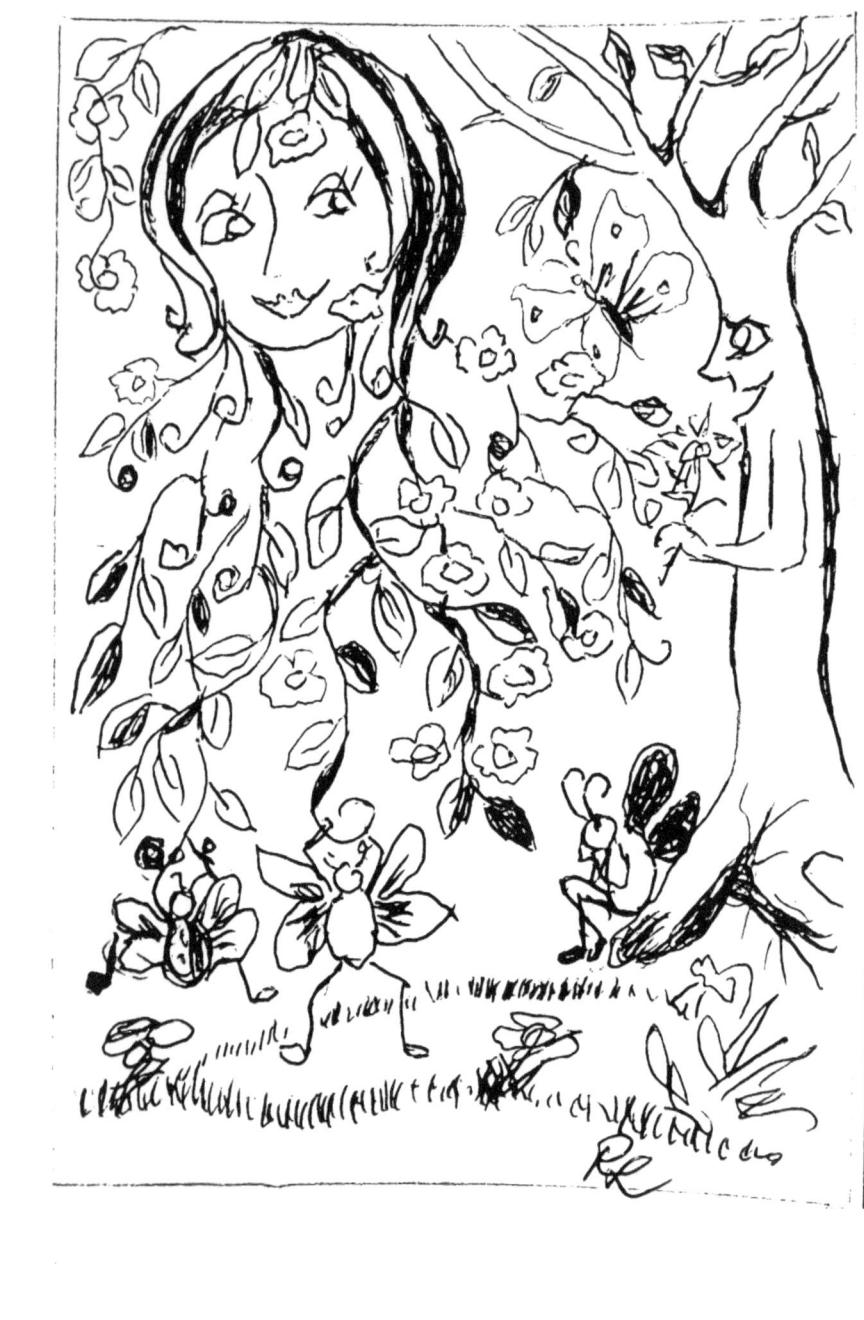

Faszination

Faszination-
das menschliche Antlitz
Faszination-
Augen die schauend lernen
Faszination-
Hände die Schönes
vollbringen
Faszination-
Leben

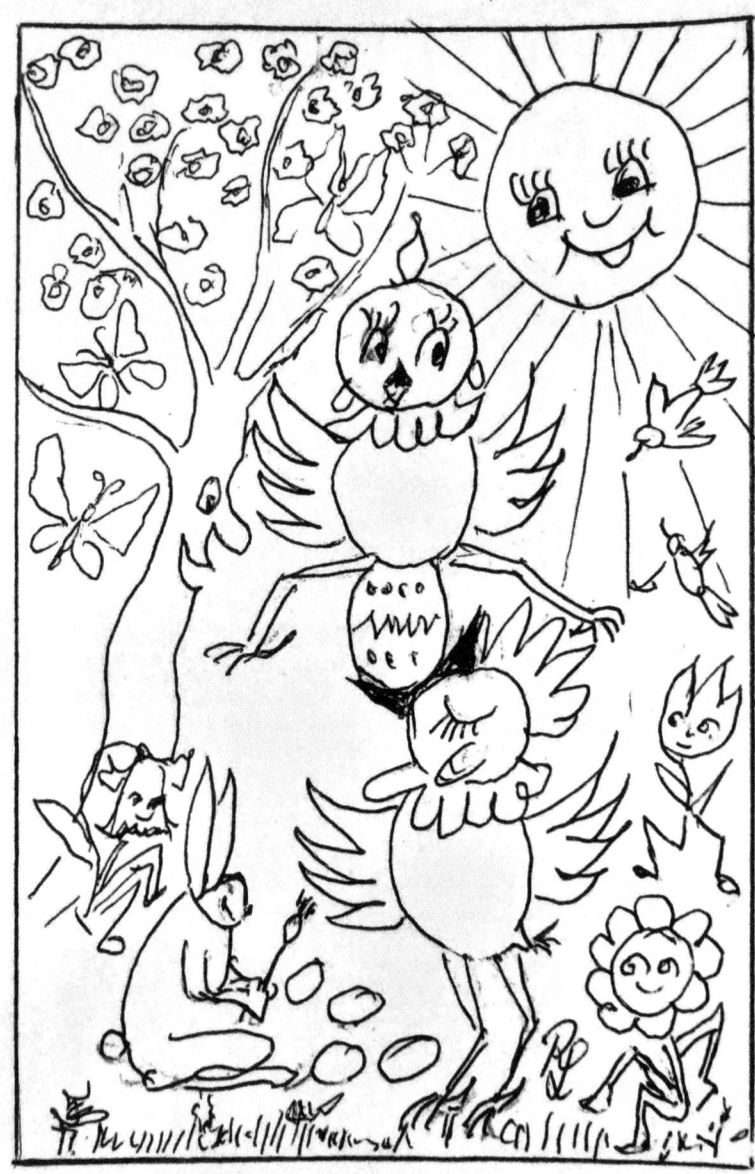

*Im Zenit Deines Lebens
fragst du;
"Soll das alles gewesen sein?"
Was soll diese Frage.
Stell Dich der Verantwortung
der Gegenwart,
dann spürst Du, das Leben
geht weiter.*

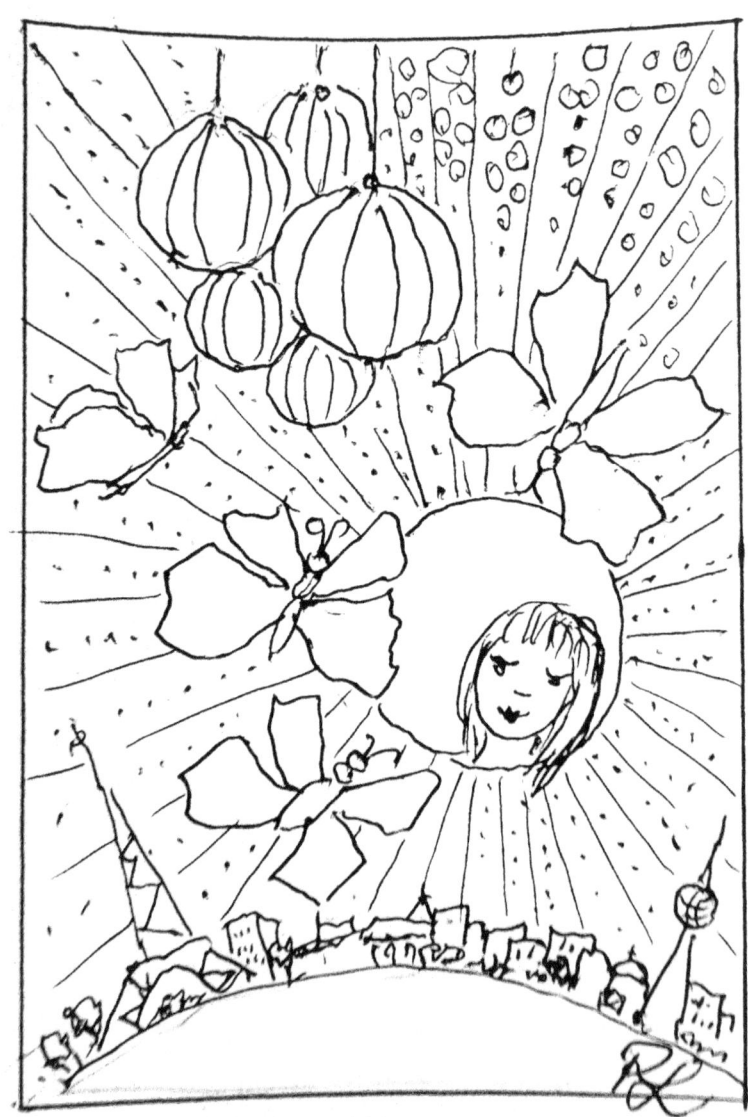

1988

*Kräftige Hände
packen zu, den Berg
abzutragen.
Kraftaufwand für zukünftige
Generationen ?*

*Junge Augen schauen mich
kritisch an -
Antwort suchend auf viele
Fragen in unserer Zeit.
Soll ich ihnen mein Herz
offenbaren ?*

Ja ?

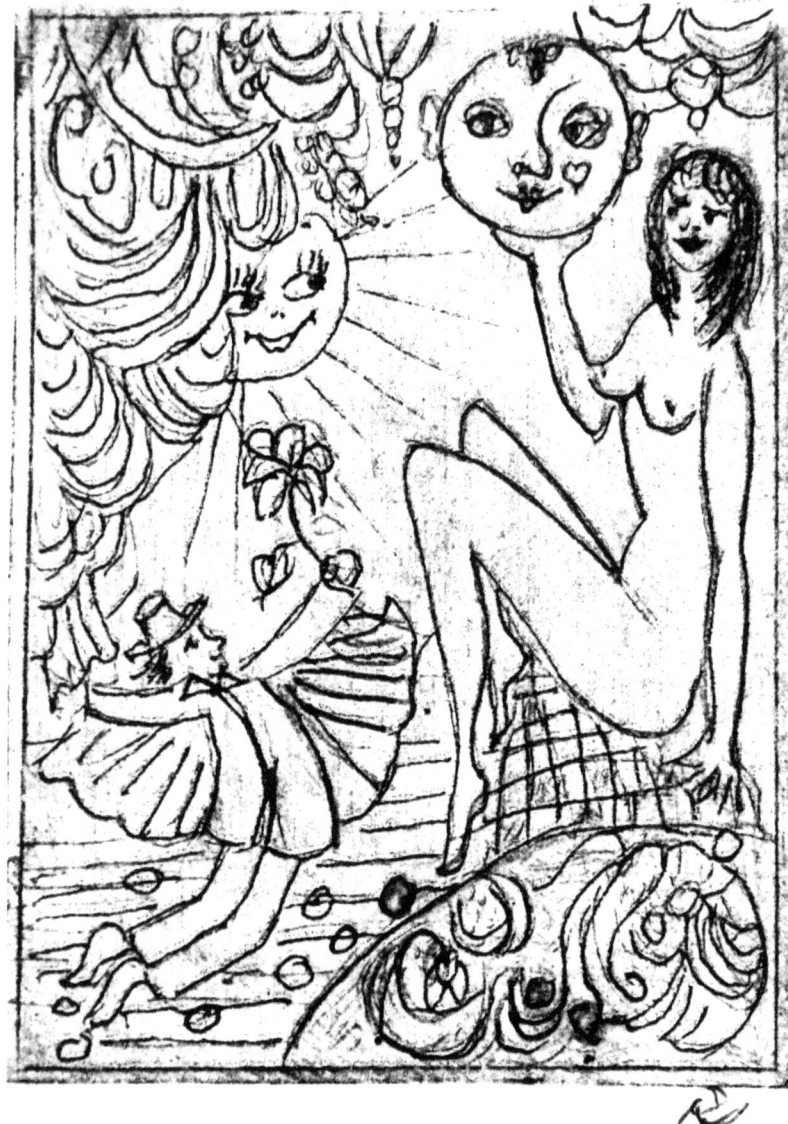

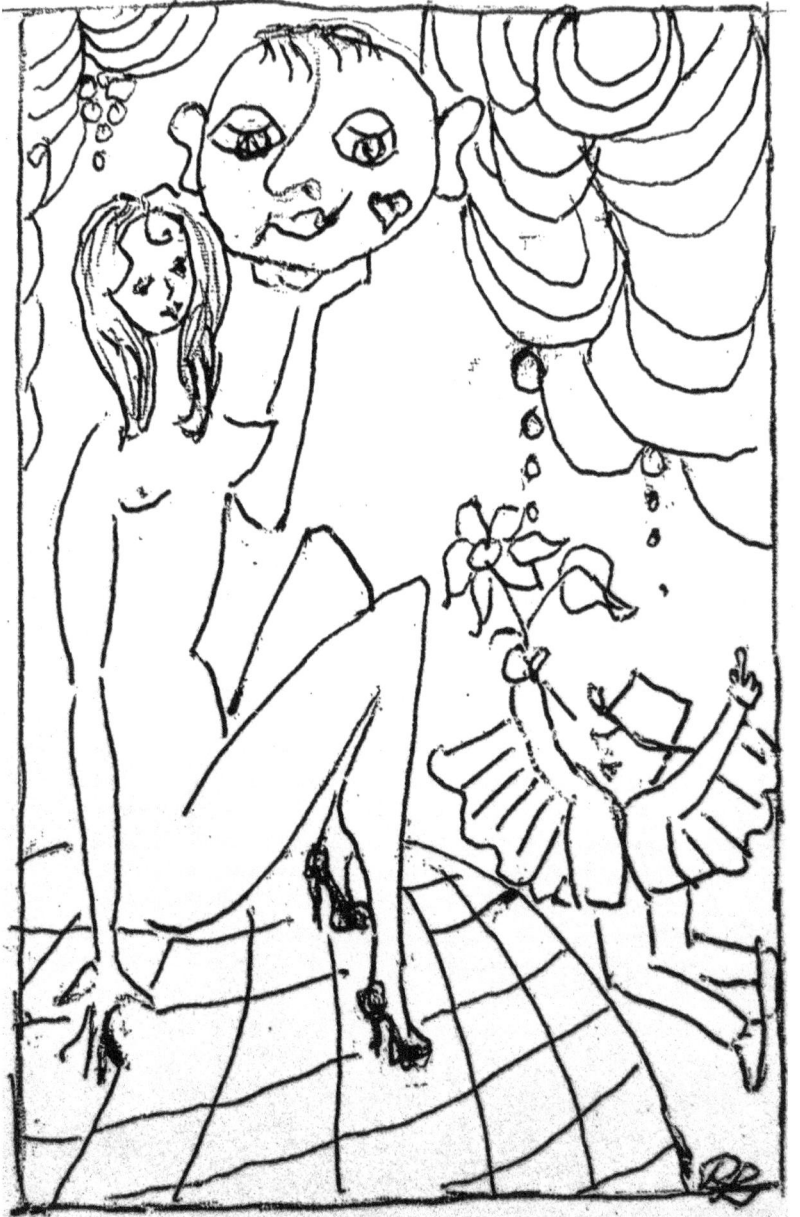

Juli, 1988

Was mich freut
   Arbeit
Was mich erregt
   Weltgeschehen
Was macht mir Angst
   Gewalt
Was provoziert mich
   Rechthaberei
   gepaart mit Dummheit
Was macht mich krank
   Bürokratismus
Was macht mich froh
   meine Liebe
Was macht mich traurig
   die Not in der Welt

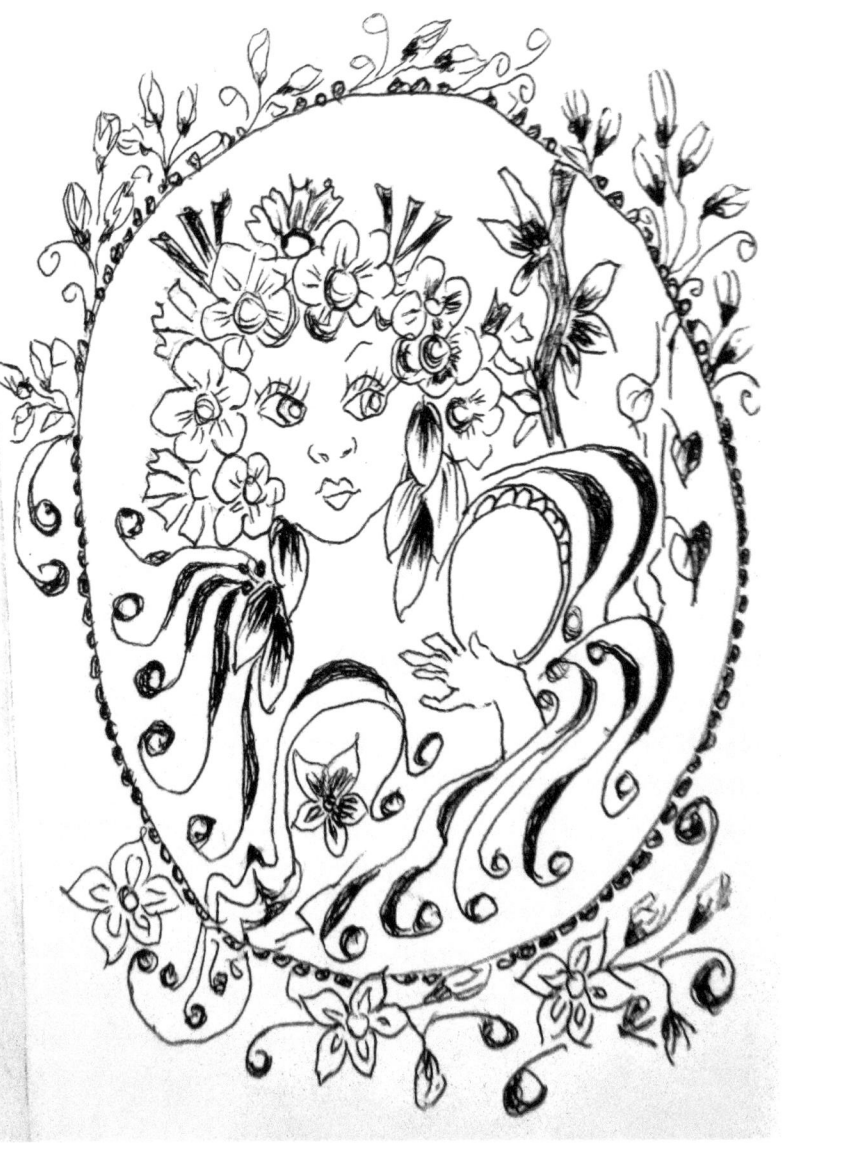

1987

*Wann verlangst Du
nach Ruhe ?*

*Nach einer dummen und
anstrengenden Diskussion oder
Debatte ?*

*Nach einer größeren
Auseinandersetzung ?*

*Nach Deiner schönen aber
schweren Arbeit ?*

*Verlangst Du dann
wirklich nach Ruhe ?*

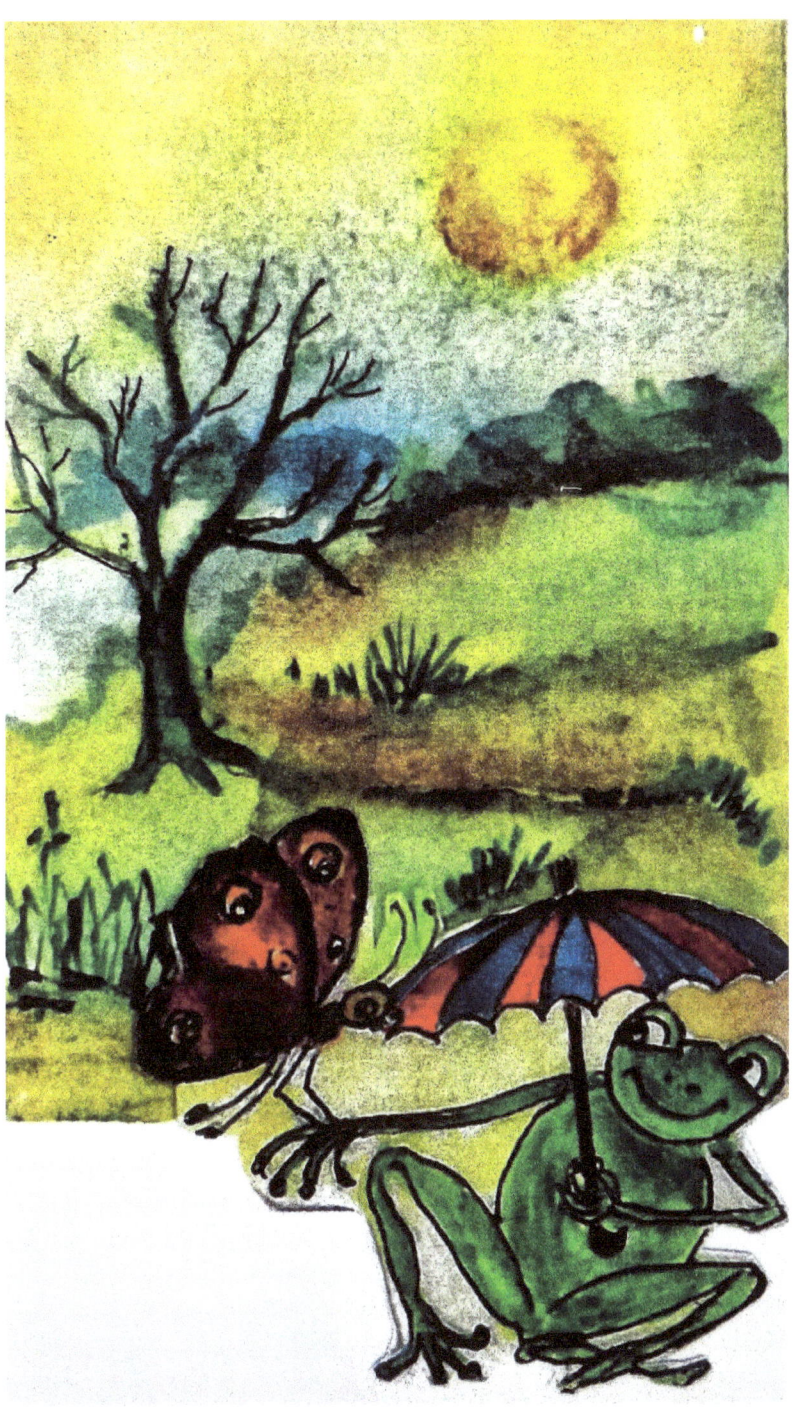

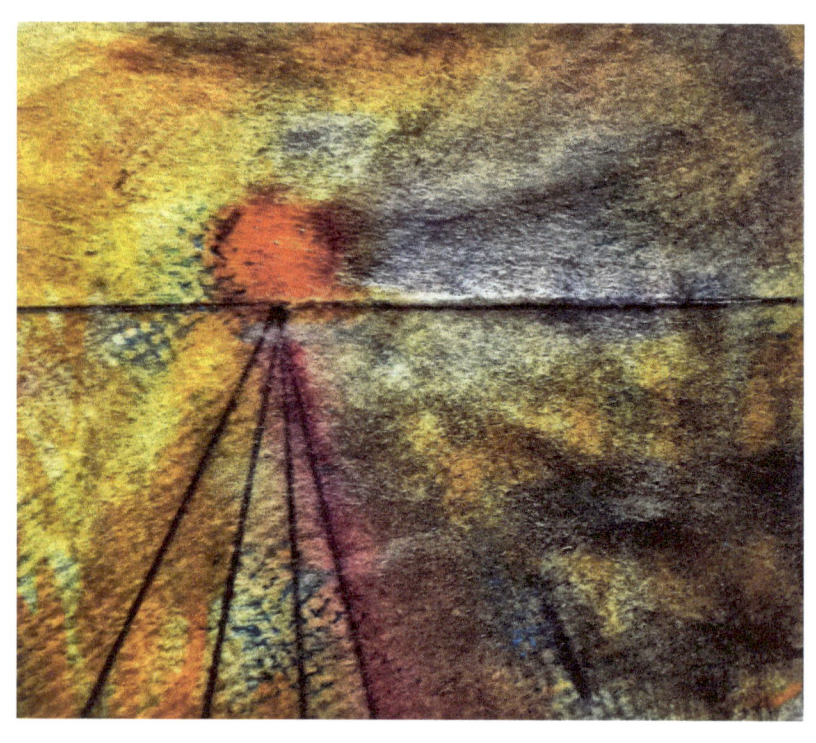

Über Nacht wird eine
Idee geboren,
oft entscheidend für das
Glück oder Unglück
der Menschen.

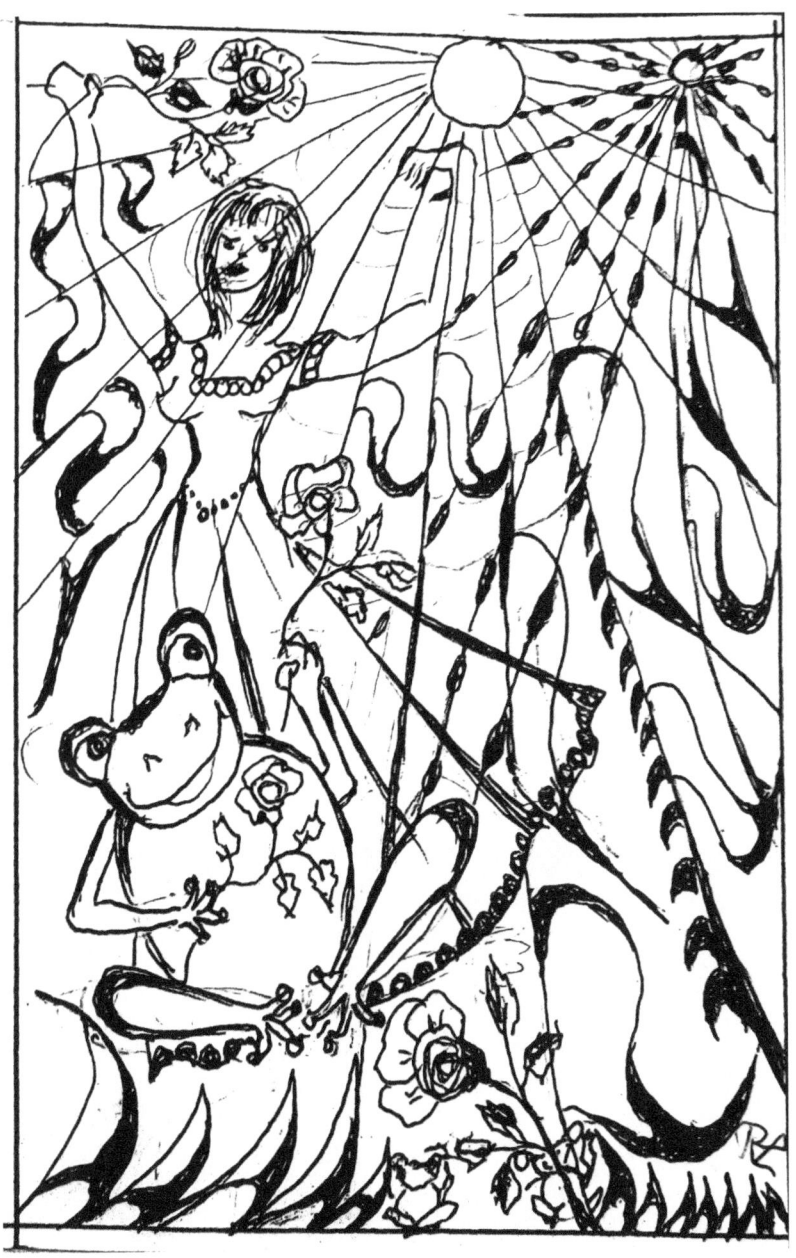

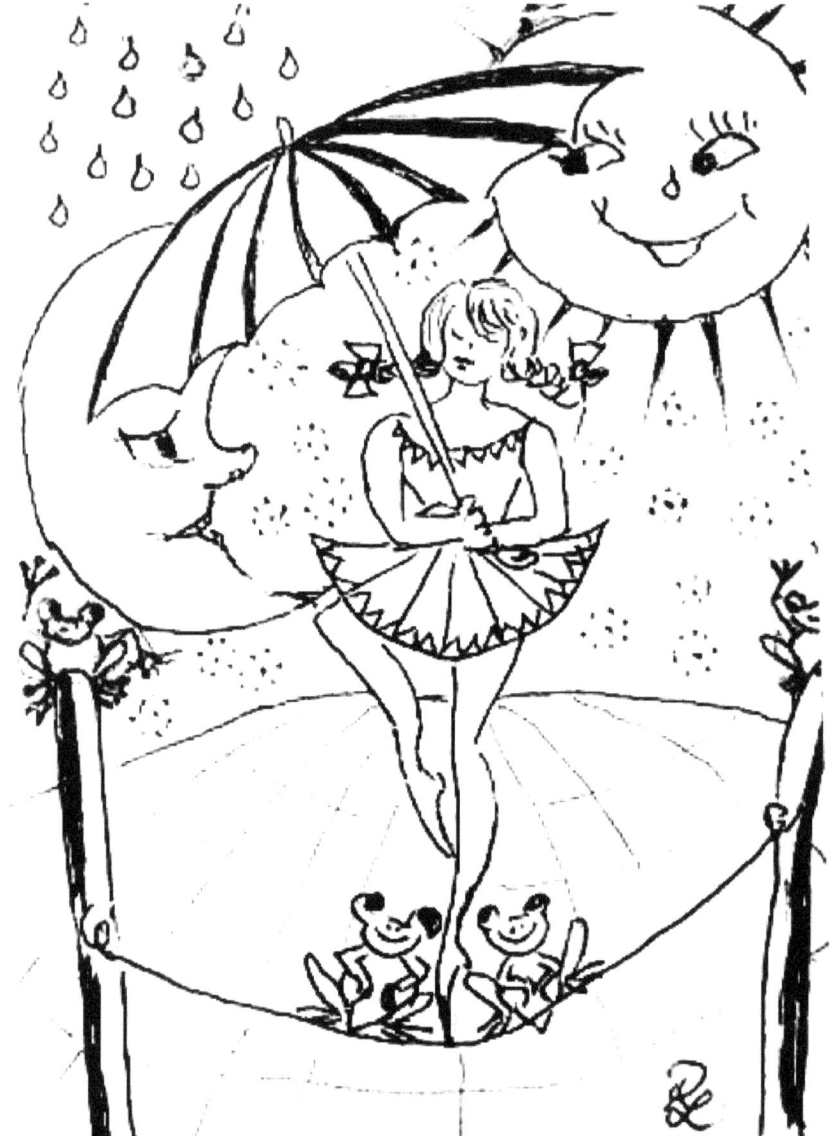

2014

Das Leben ist
oft wie ein Drahtseilakt,
man muß die
Balance halten.

Träume nicht zu lange,
sondern verwirkliche
deine Träume
solange du kannst.

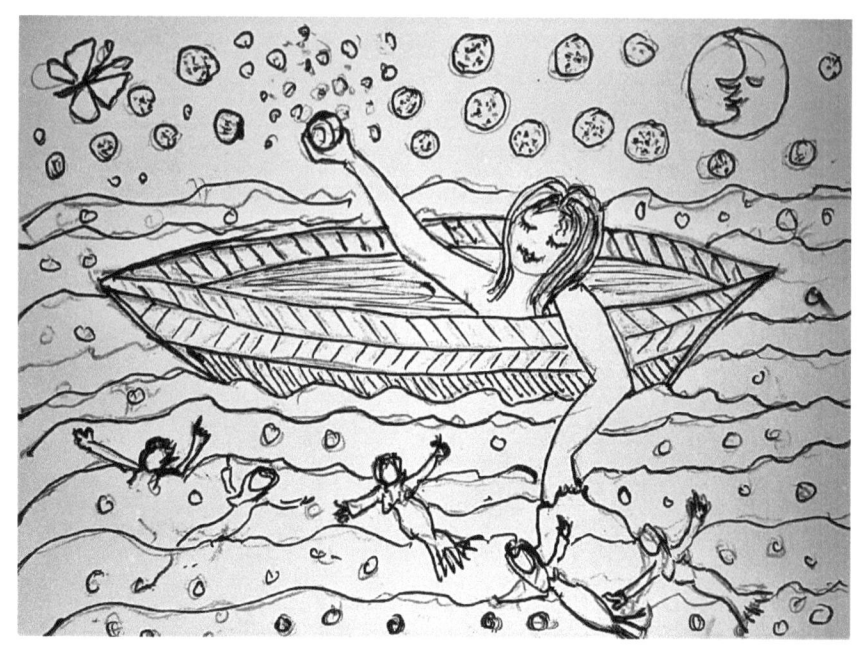

An meine Enkelin

Jung und schön schaust Du
aus. Geh Deinen Weg in
dieser Welt voller Steine.
Wünsche Dir Kraft
für diese neue Welt.

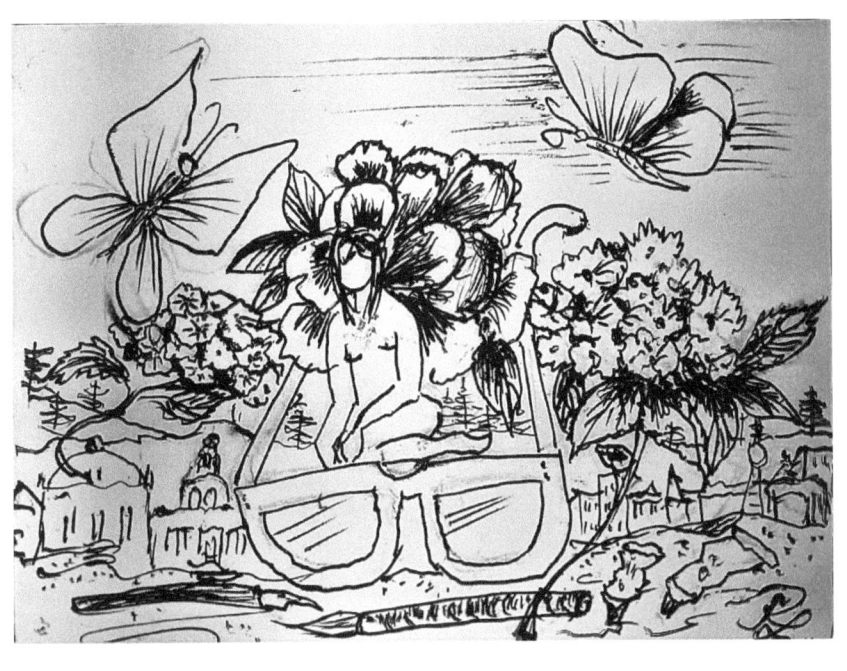

Der Duft des
Sommers umweht mich.
Die letzte Rose aus dem
Garten
läßt mich die kalten
Tage überstehen.

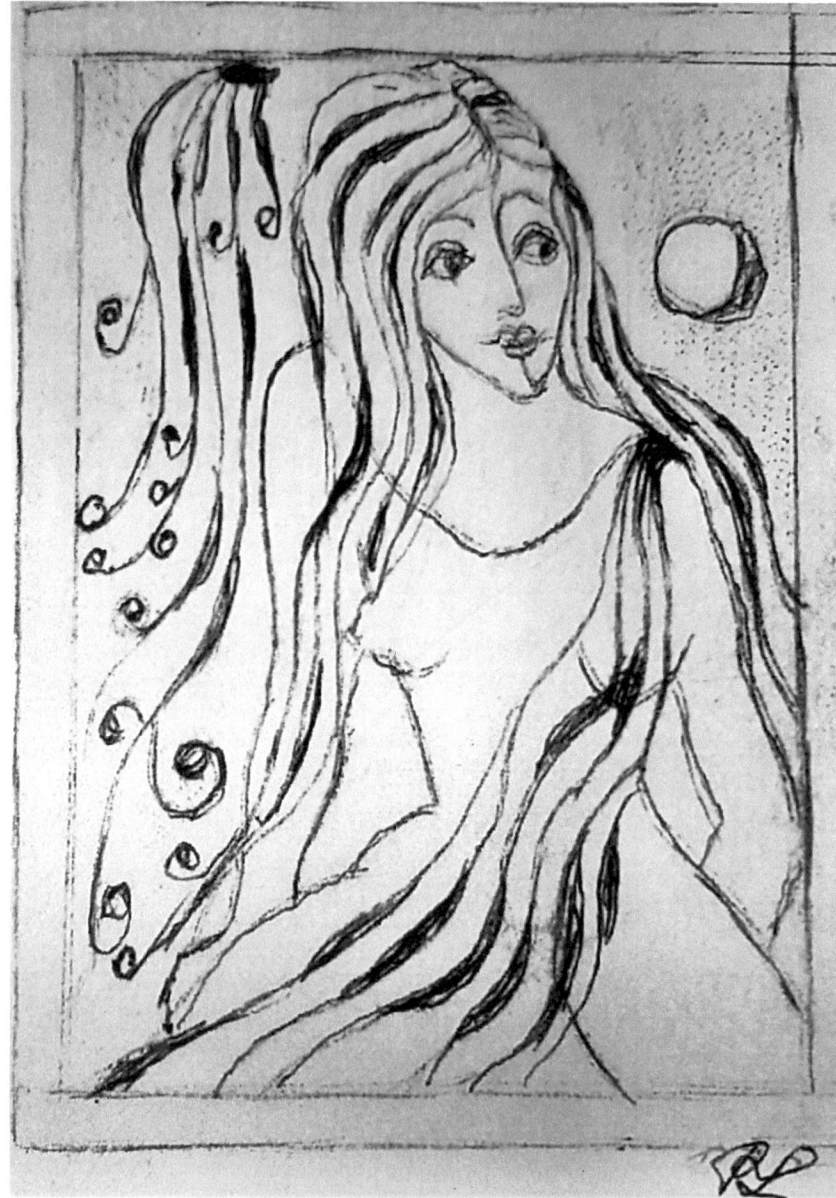

2011

In Liebe an Dich

*Leise Wehmut schleicht in mein
Herz,
wenn ich zum Himmel schaue
und die Wolken ziehen.
Sie fliegen dahin wie
unser Leben.*

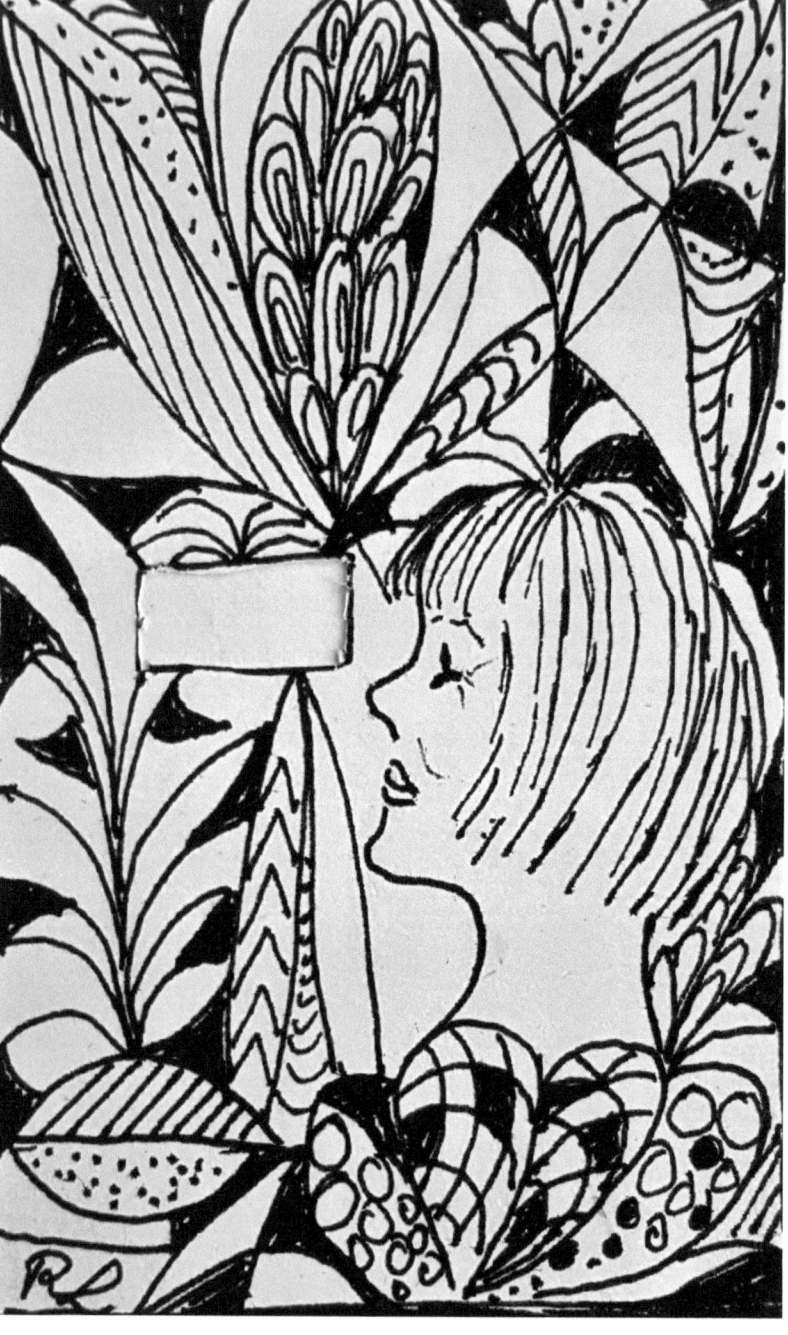

Oft kannst du im
Antlitz eines Menschen
erkennen
wie seine Lebenslinien
verlaufen sind.

Also schau genau hin,
es hilft dir,
ihn zu verstehen.

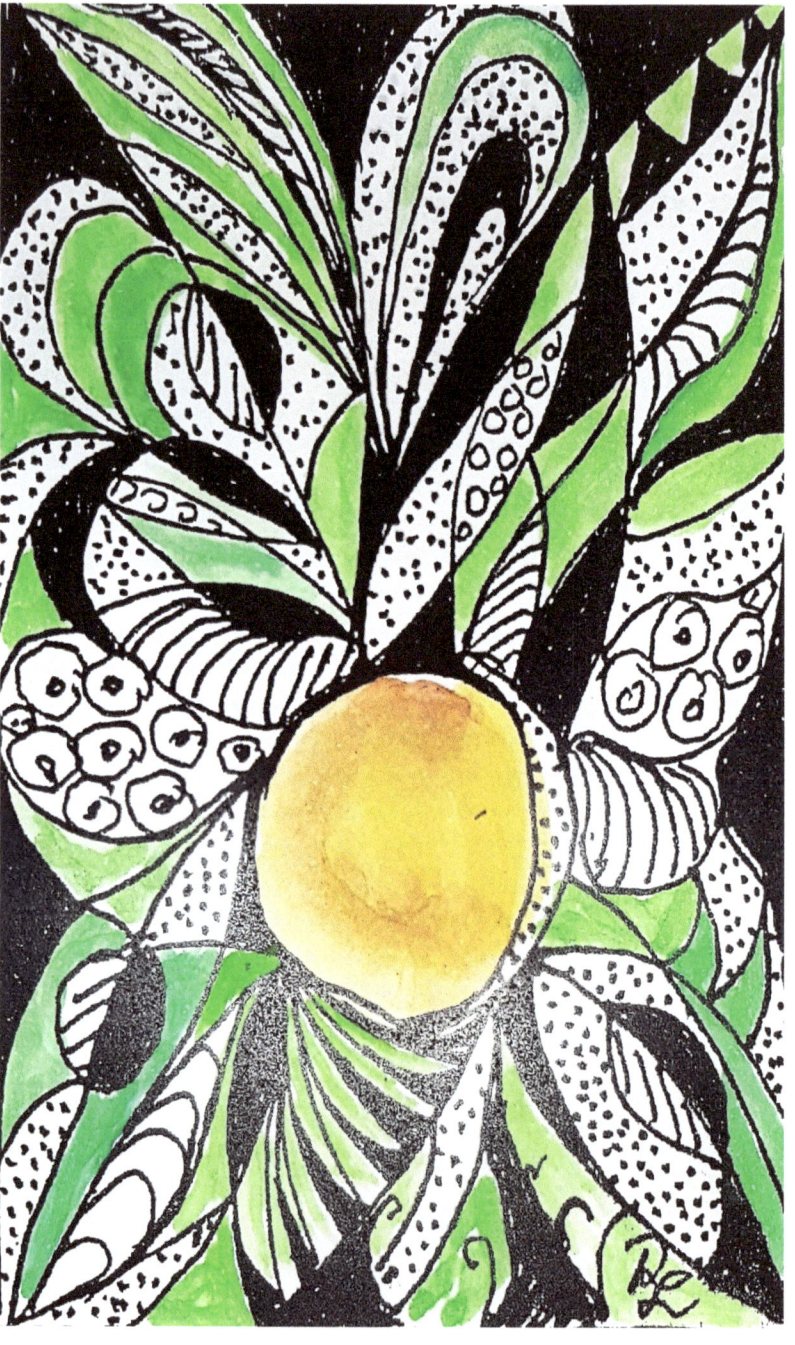

2015

Frühling

*Die Luft ist wie Seide.
Der Atem ist freier,
die Farben der Welt
frischer.
Die Seele hüpft im
Dreivierteltakt.*

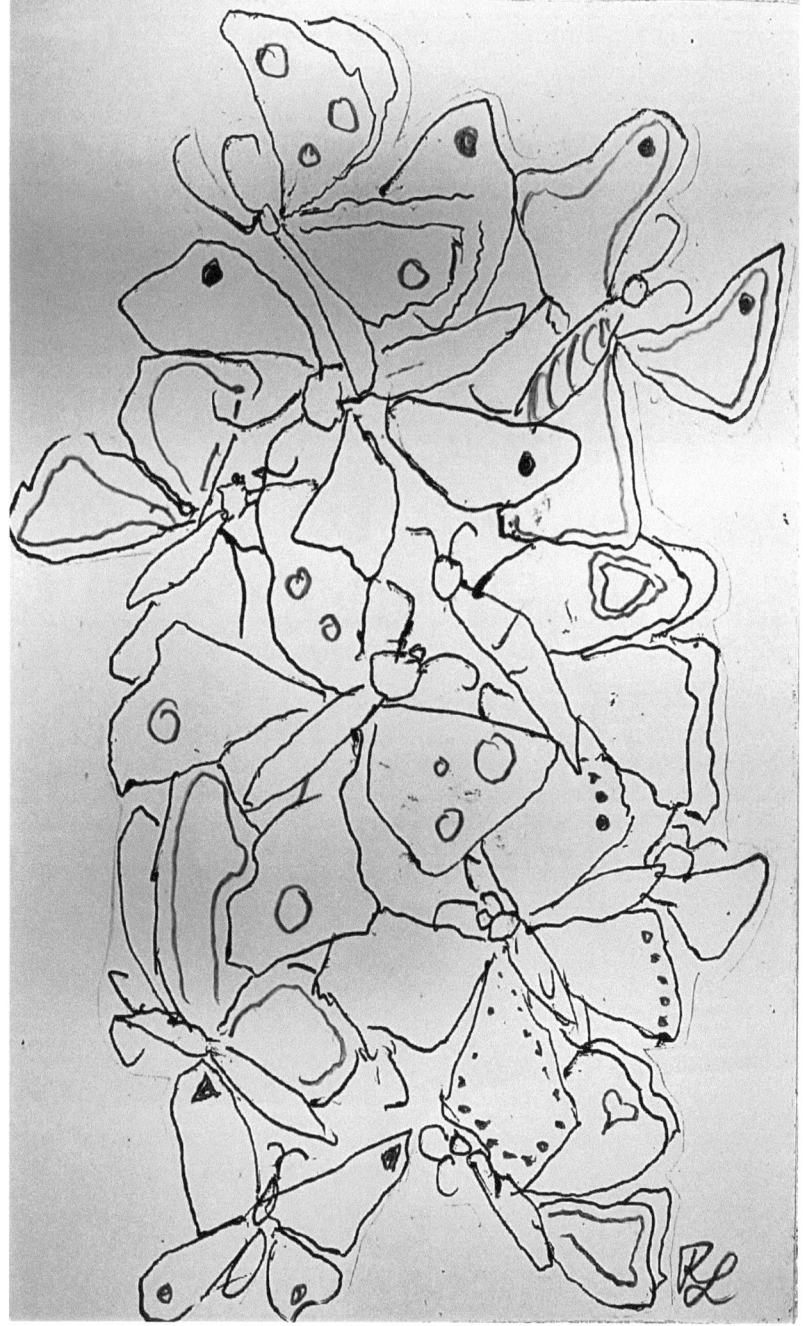

Sommer

Ein leichter Hauch
zieht übers Land.
Bienen summen
satt im Blütenstrauch.
Herbst laß dem
Sommer Zeit
warm und golden
auszuklingen.

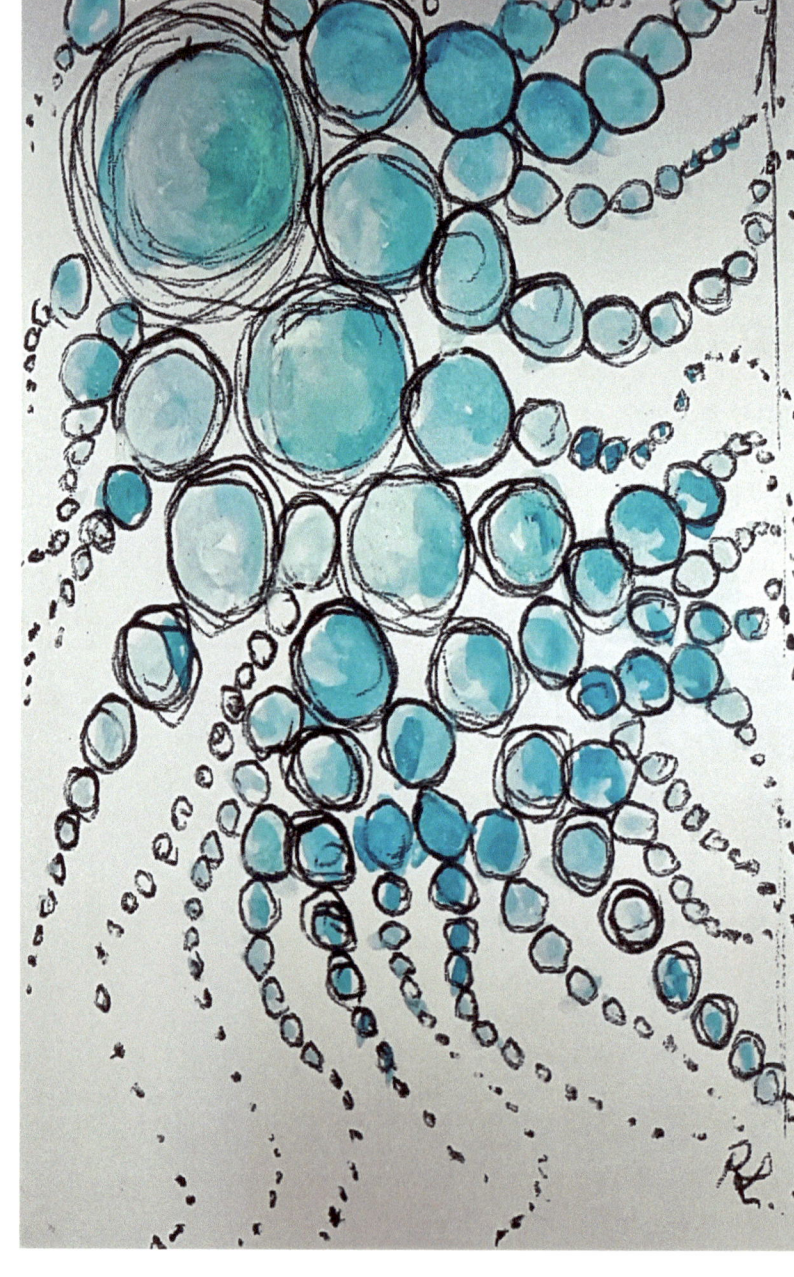

2011

Es rauscht der
Herbstwind in
den Bäumen.
Die Schwalben sind fort
und mein Herz
klopft bang !

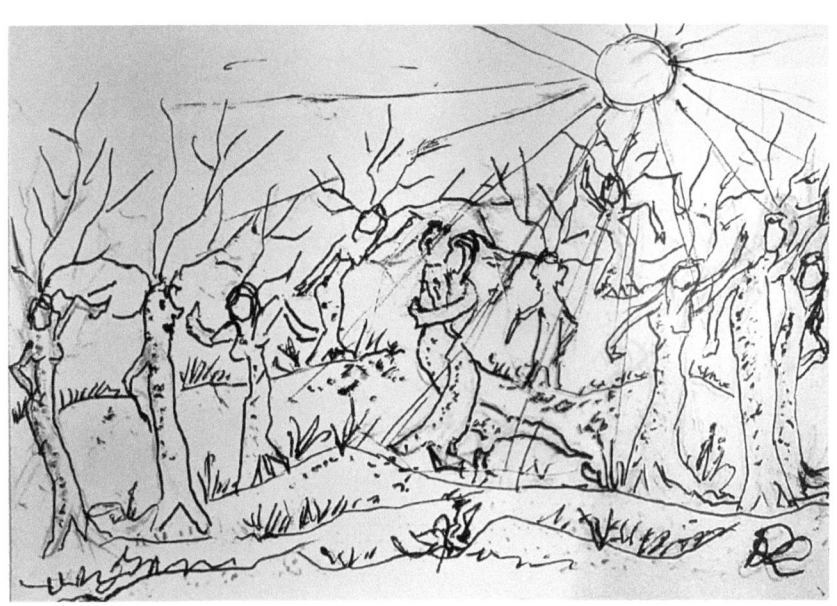

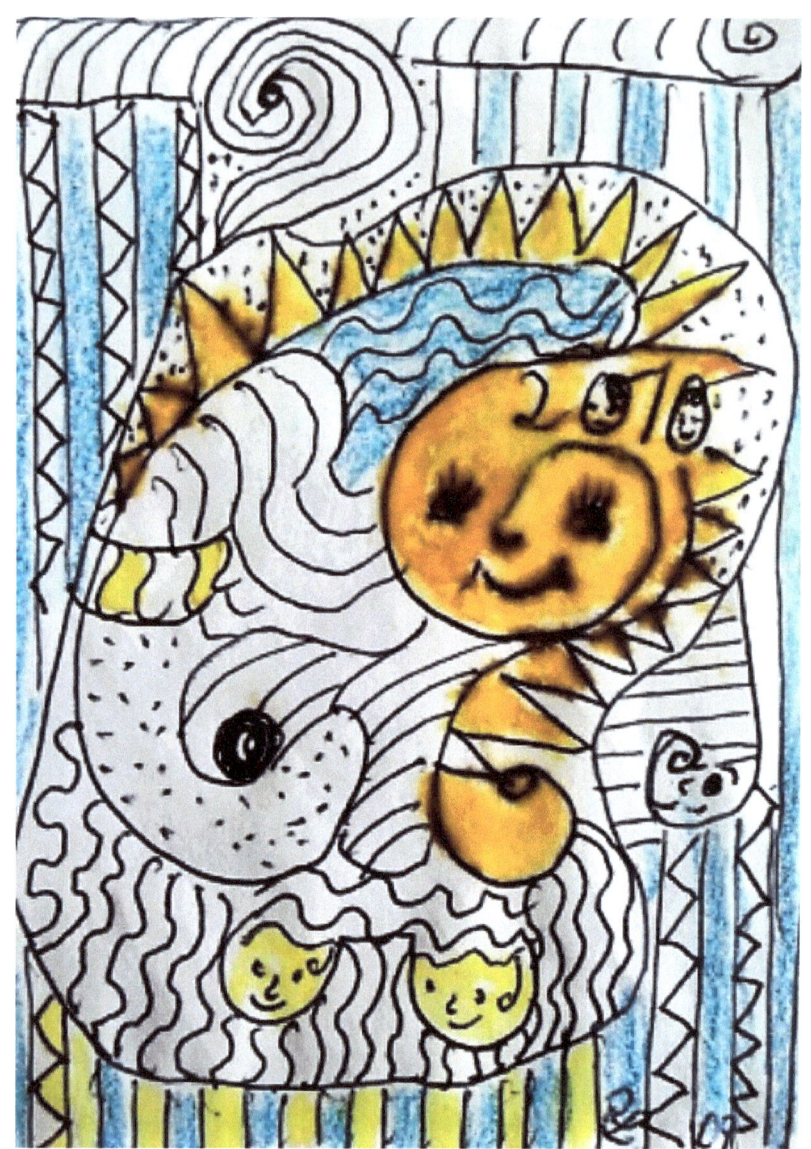

1990

*Reich macht mich
mein
großer Schatz
an Büchern.
Jedesmal
beginnt eine
Reise in neue
Wissensgebiete-
Tauchtiefen von
ungeahnten Dimensionen*

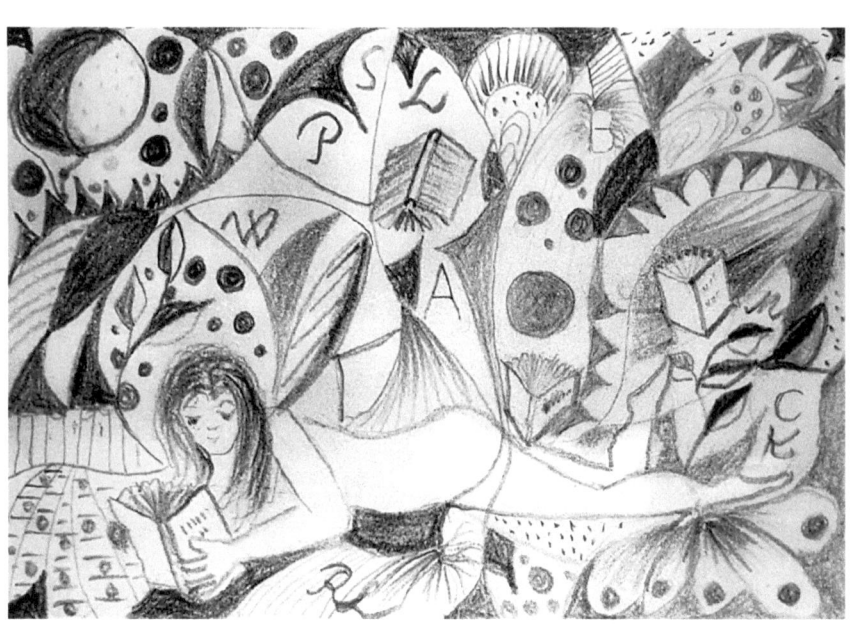

1990

Spürst Du die
Stille des Waldes?
Herbstnebeltau
netzt
Deinen Fuß.
Wehmut trägt
Gedanken
fort.

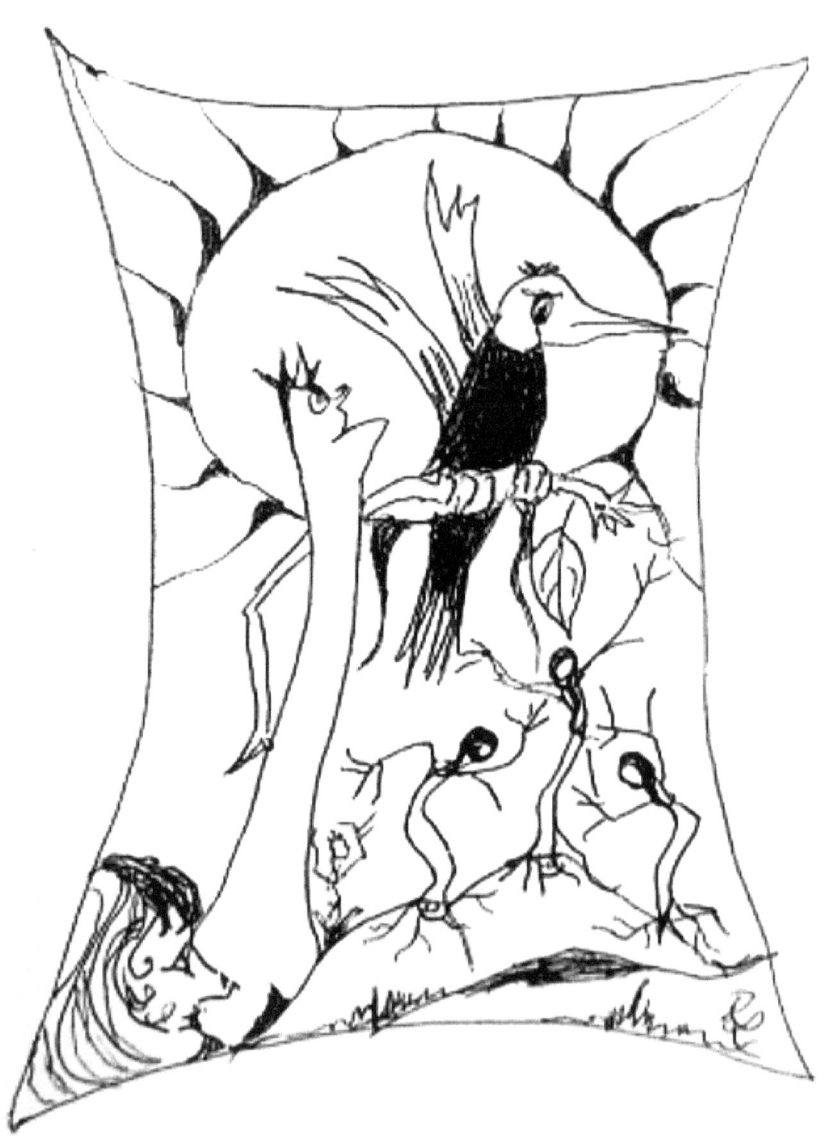

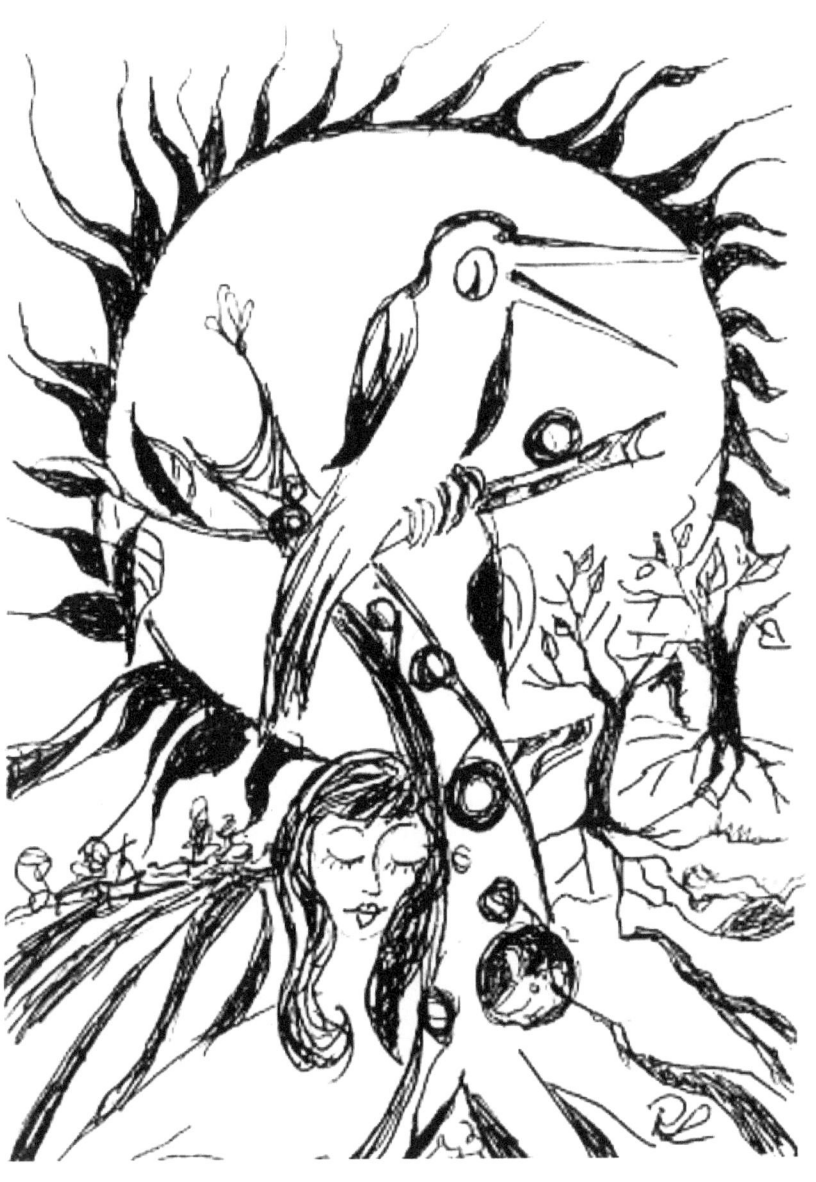

*Amsel stiebitzt den
letzten Apfel vom alten
Baum.
Noch schmeckt er nach
Wärme und Sonne des
Sommers.
He, kleiner Vogel komm
gut über den Winter
und pfeife mir im
Frühling ein
fröhliches Lied.*

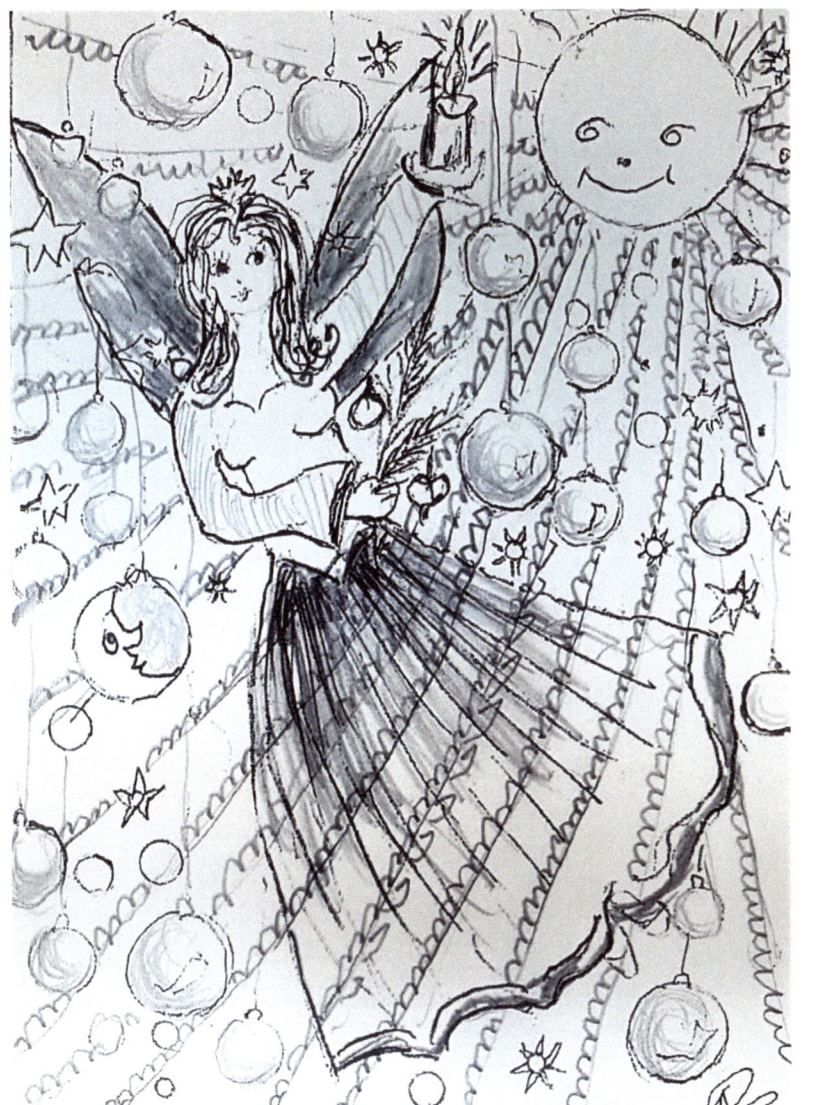

Die Poesie der einfachen
Dinge in unserer
Welt zu entdecken,
spielen und staunen
zu können,
kann
beglückend sein.

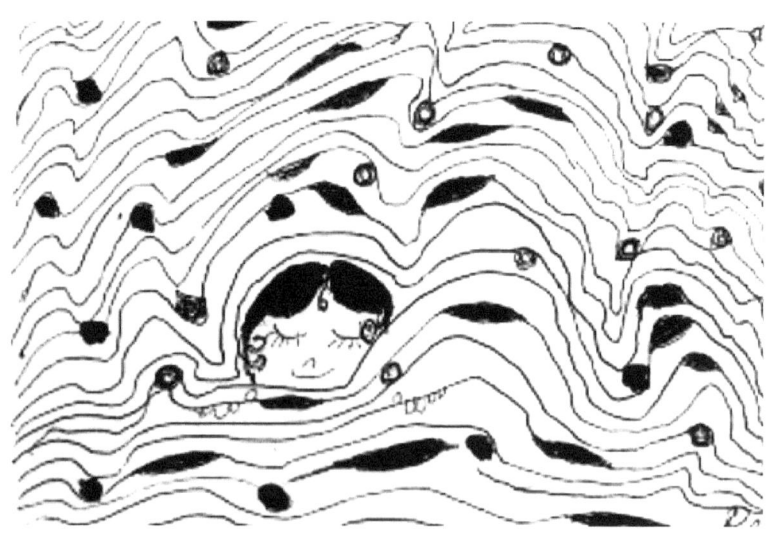

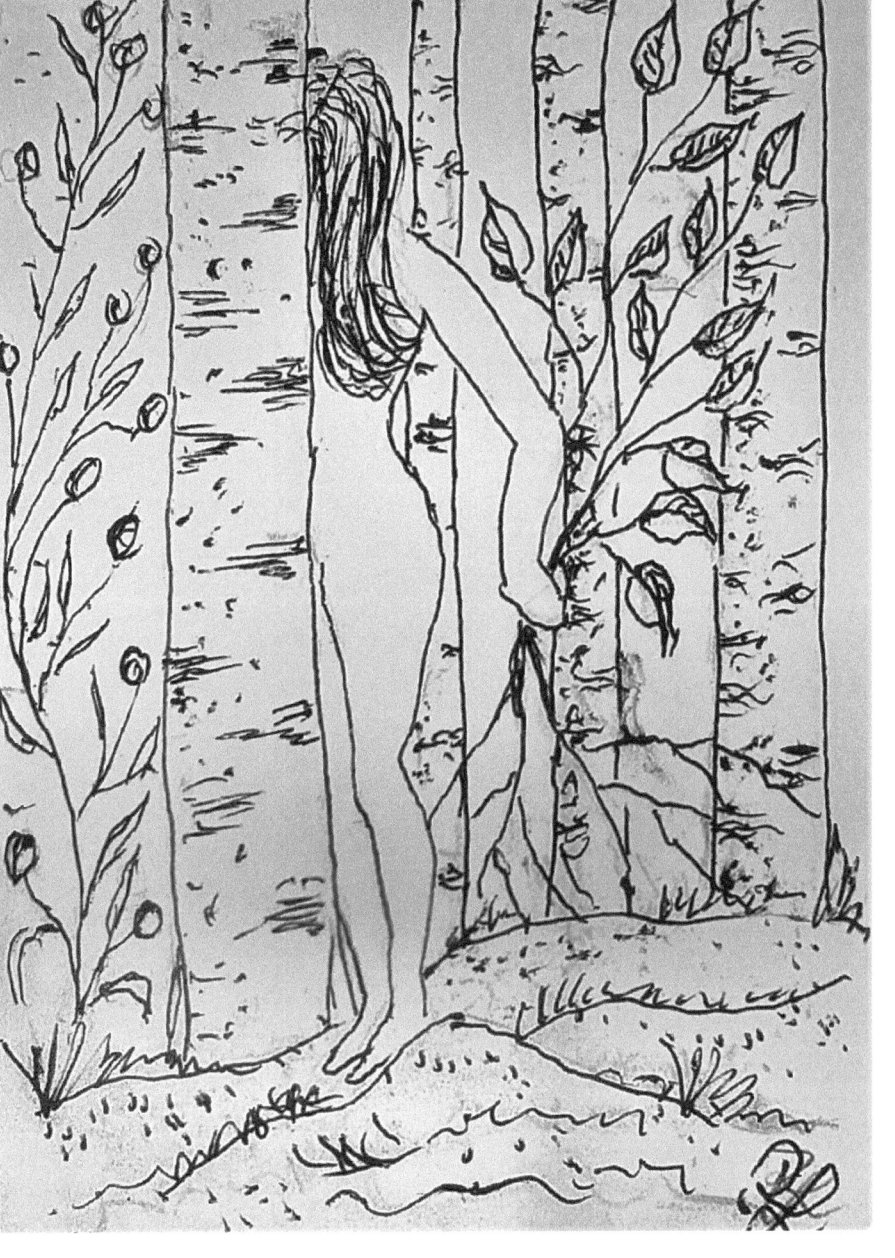

Baum, wenn ich dich
umarme fühle ich
mein Herz schlagen.
Deine Nähe gibt mir Mut
und Kraft zurück
und ich fühle, es geht mir
gut.
Eine Krise zu überwinden
ist oft Schwerstarbeit
für die Seele.
Oft wehrt sich dein Inneres
also kämpfe.

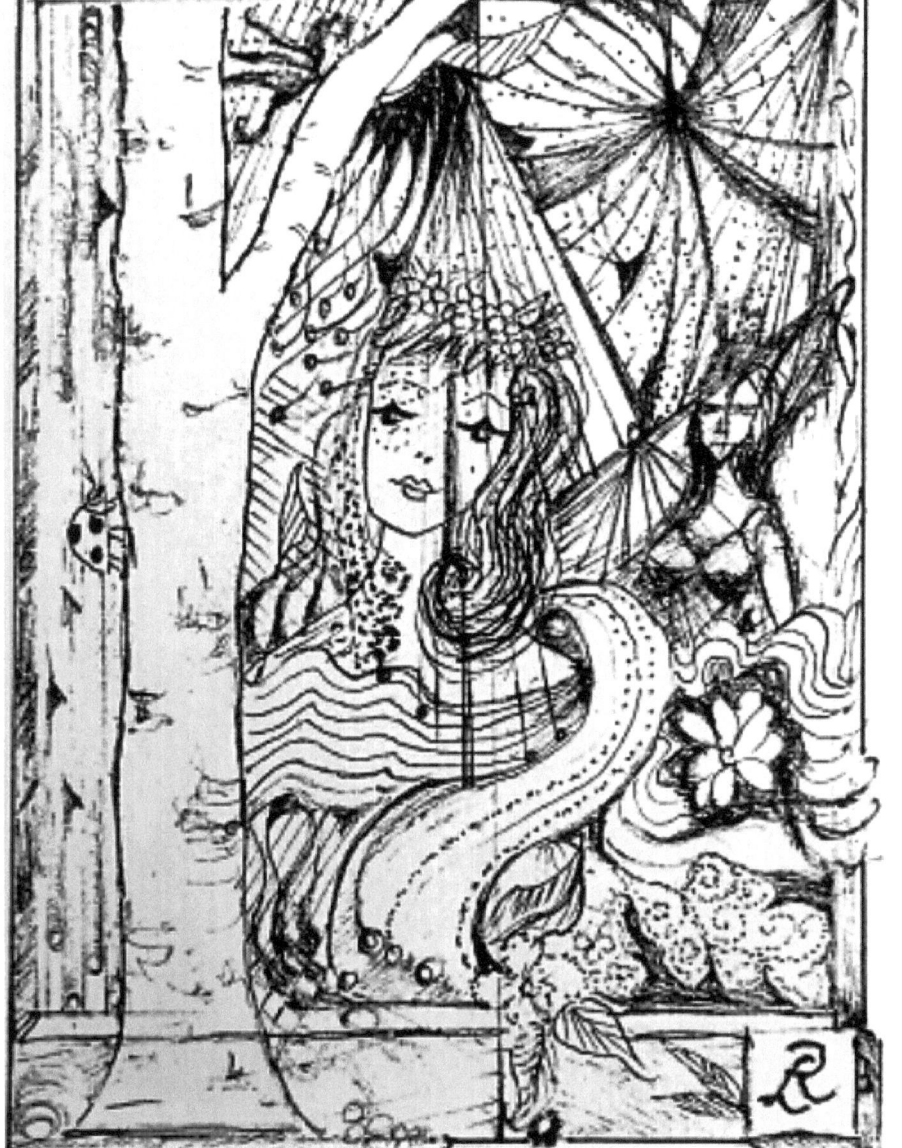

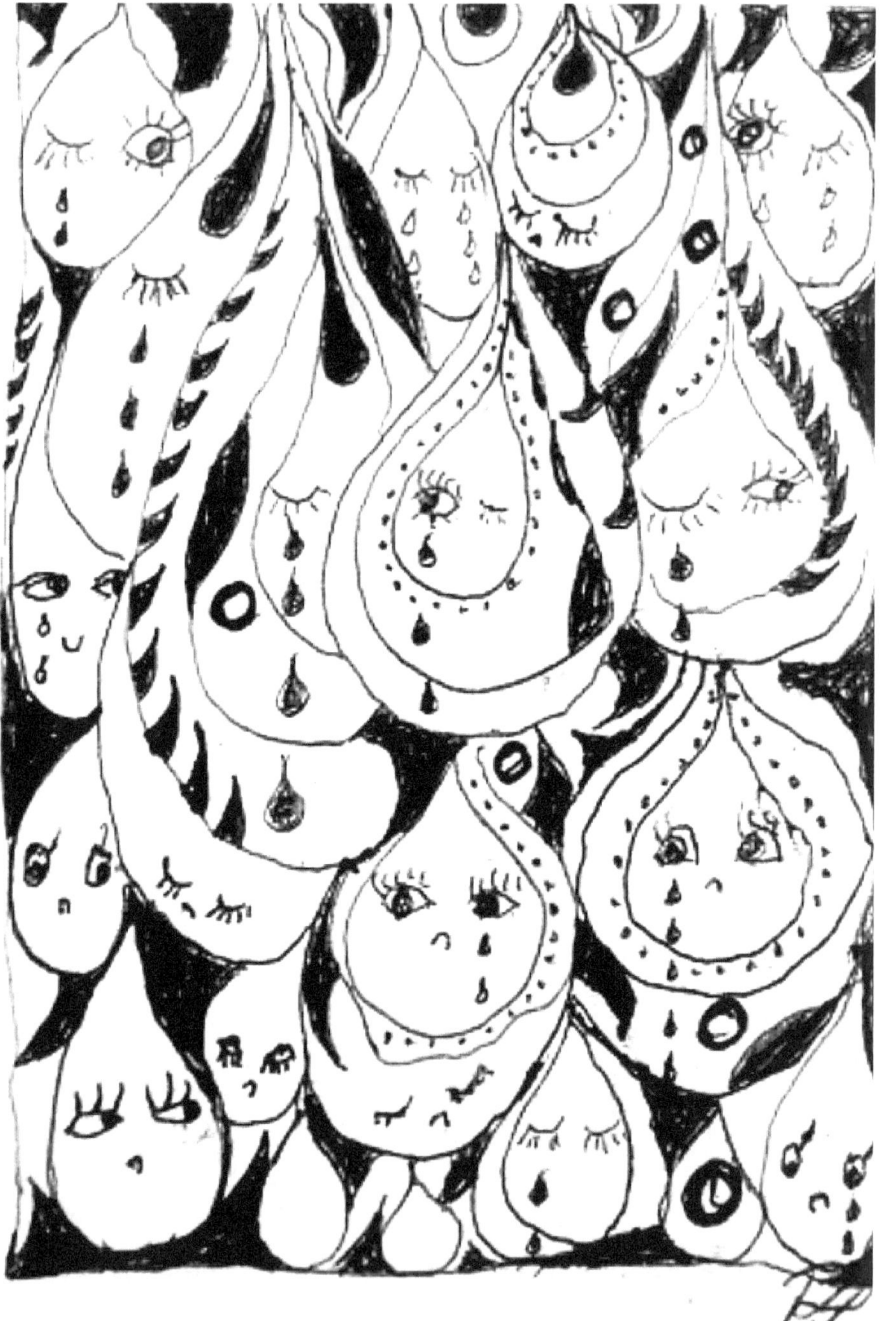

12.2000

*Ein geliebtes Herz
hört langsam auf zu
schlagen.
Stark war es trotz vieler
schwerer Leiden.
Ich begleite Dich mein Herz
auf Deinem letzten
Weg.
Fällt es auch schwer,
von einander Abschied
zu nehmen.*

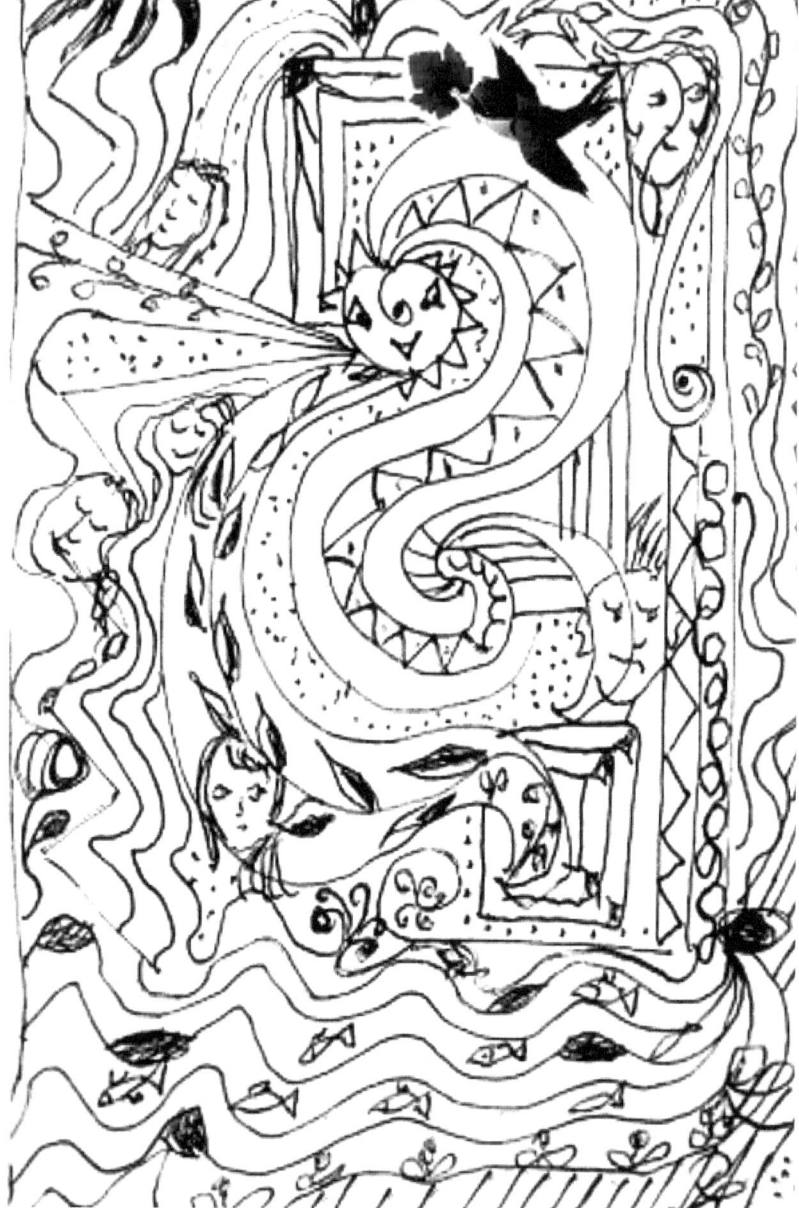

*Samen liegen im
Boden,
wartend auf die wärmende
Sonne des nächsten
Jahres-
in sich tragend den Keim
meines Lebens.*

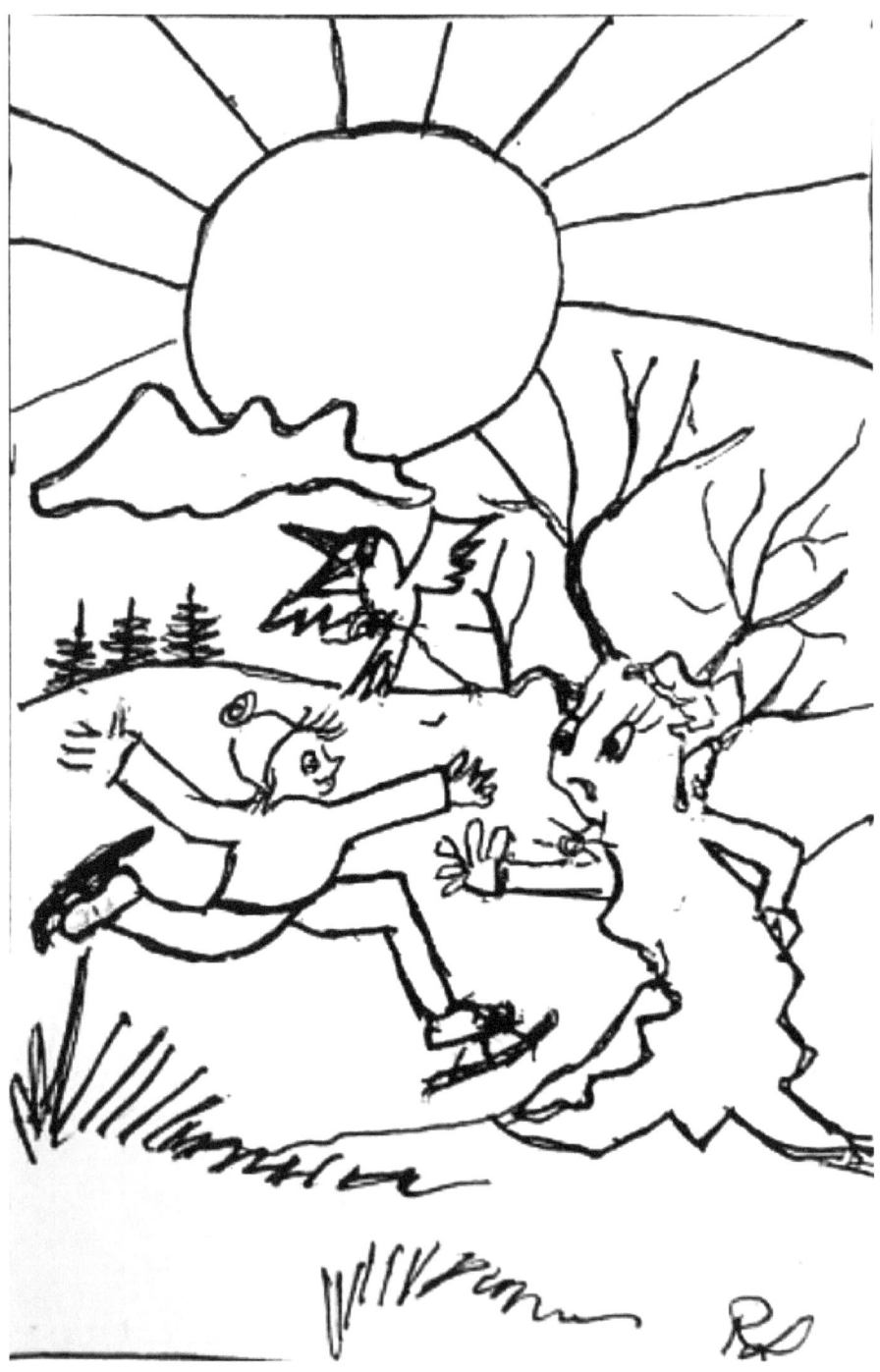

Blühende Sommerwiesen

herrliche Seen

Gärten und Parks

sandige Wege-

Brandenburger Land

es lohnt sich,

dich zu entdecken.

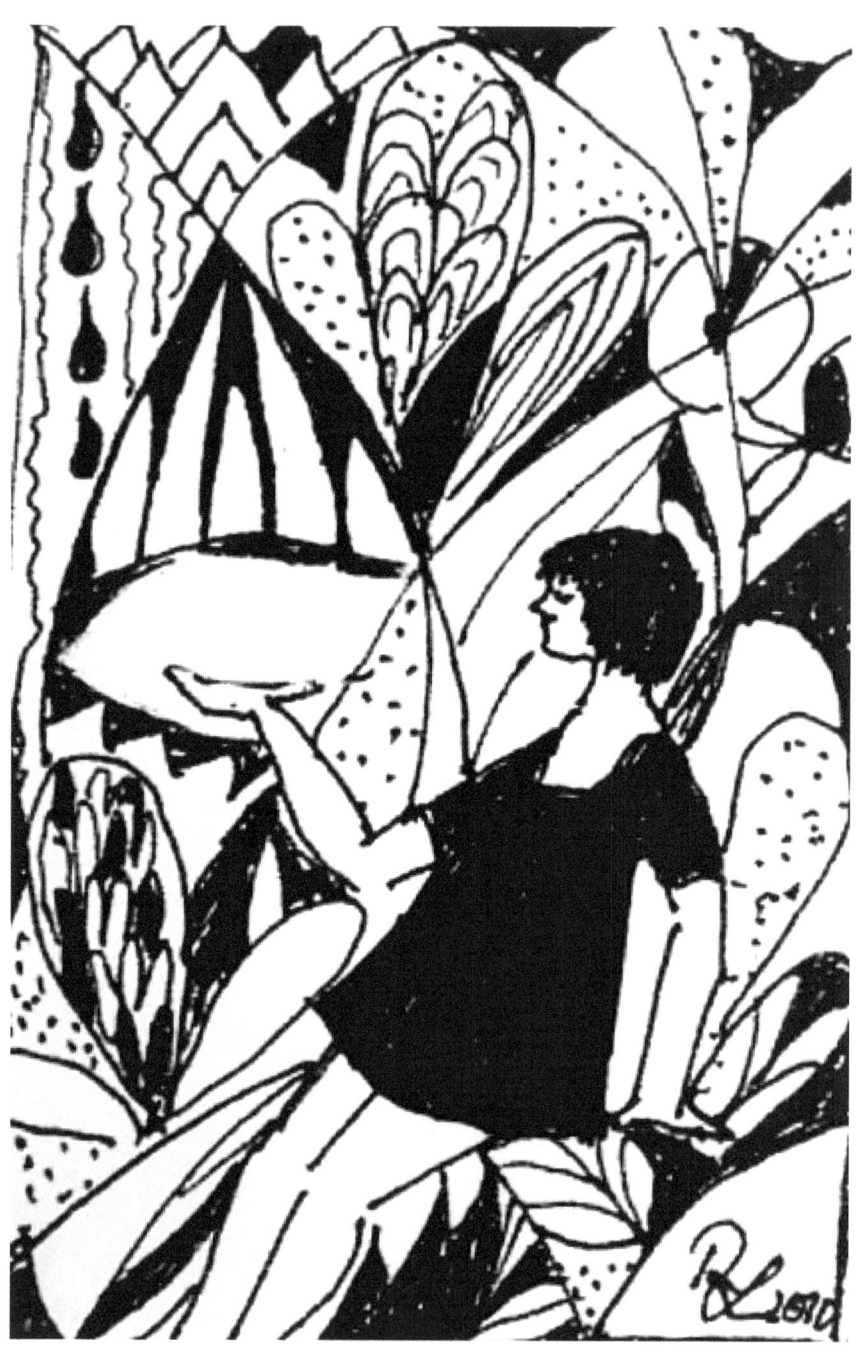

Ton-

ein wunderbarer Werkstoff.
Haben nicht schon unsere
Vorfahren diesen
Werkstoff bearbeitet und
gestaltet.
Ist er nicht ein Stoff,
der durch Hand und Hirn
Dinge entstehen läßt,
die das Leben lebenswert
 macht.

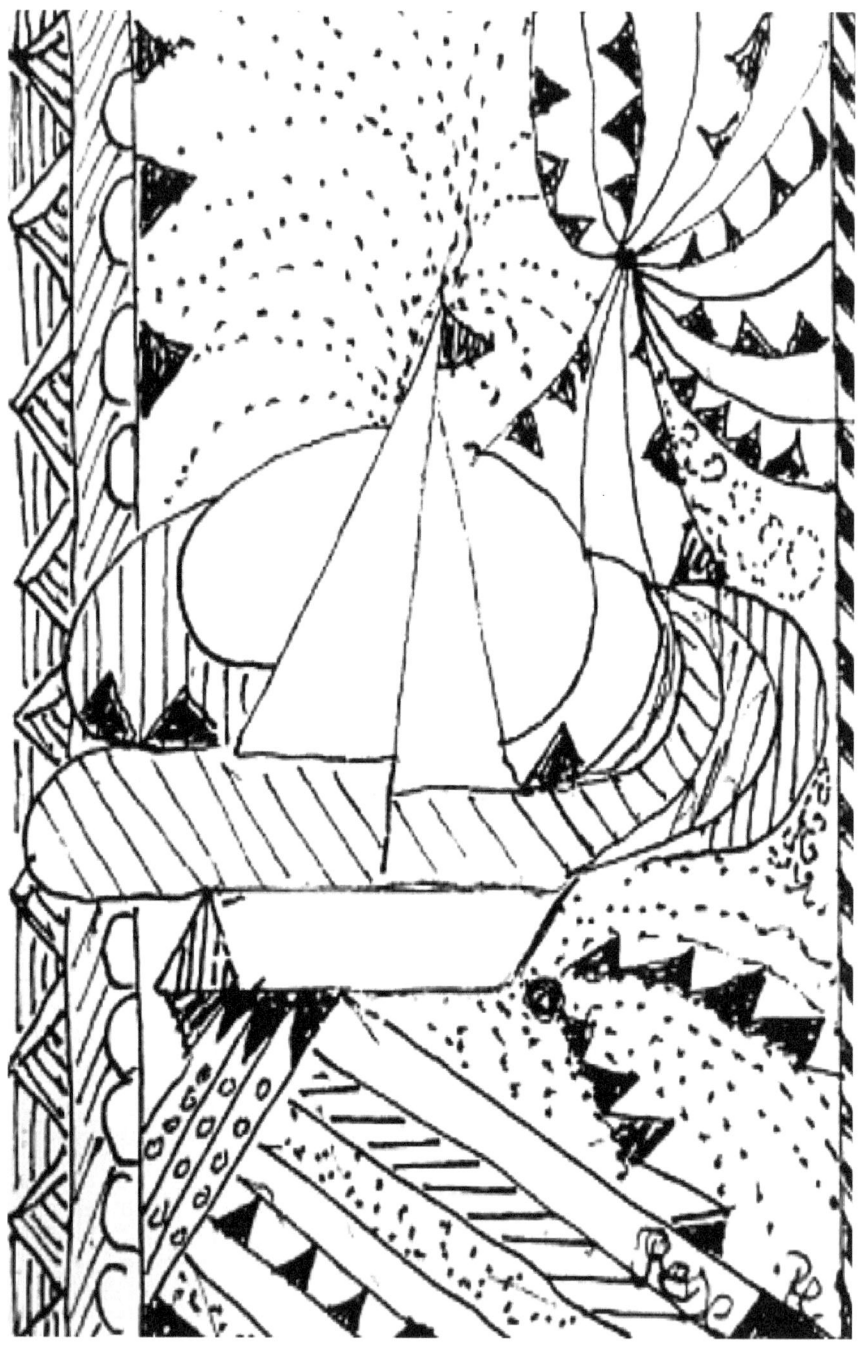